Sven Schuster

Bernardino de Sahagún - Ethnograf oder Ethnologe?

GRIN - Verlag für akademische Texte

Der GRIN Verlag mit Sitz in München und Ravensburg hat sich seit der Gründung im Jahr 1998 auf die Veröffentlichung akademischer Texte spezialisiert.

Die Verlagswebseite http://www.grin.com/ ist für Studenten, Hochschullehrer und andere Akademiker die ideale Plattform, ihre Fachaufsätze und Studien-, Seminar-, Diplom- oder Doktorarbeiten einem breiten Publikum zu präsentieren.

Dokument Nr. V65771 aus dem GRIN Verlagsprogramm

Sven Schuster

Bernardino de Sahagún - Ethnograf oder Ethnologe?

GRIN Verlag

Bibliografische Information Der Deutschen Bibliothek: Die Deutsche
Bibliothek verzeichnet diese Publikation in der Deutschen Nationalbibliogra-
fie; detaillierte bibliografische Daten sind im Internet über http://dnb.ddb.de/
abrufbar.

1. Auflage 2003
Copyright © 2003 GRIN Verlag
http://www.grin.com/
Druck und Bindung: Books on Demand GmbH, Norderstedt Germany
ISBN 978-3-638-67084-5

1

Katholische Universität Eichstätt-Ingolstadt

HS: Chroniken aus der Zeit der Entdeckung und Eroberung Amerikas

WS 2002/03

Bernardino de Sahagún –

Ethnograf oder Ethnologe?

Sven Schuster

MA Geschichte Lateinamerikas

6. Fachsemester

Inhalt

1 Einleitung

Die *Historia General de las cosas de Nueva España*[1] des Franziskanermönchs Bernardino de Sahagún gilt bis heute als wichtigstes ethnografisches Primärwerk zu Kultur und Geschichte des vorspanischen Mexiko. Für den Großteil aller modernen wissenschaftlichen Abhandlungen, die sich mit der Geschichte der Eroberung oder der präkolumbischen Zivilisation des Hochtals von Mexiko befassen, stellt sie nach wie vor die detaillierteste und vollständigste Ausgangsbasis dar.

Ihr Verfasser wurde um das Jahr 1500 im nordspanischen Sahagún en Campos, in der Nähe der Stadt León, geboren. Über seinen frühen Lebensweg liegen kaum zuverlässige Zeugnisse vor. Gesichert ist lediglich, dass Sahagún ein Studium an der Universität von Salamanca absolviert hat, wobei aufgrund seiner späteren Tätigkeit und seiner Schriften zu vermuten ist, dass er sich dort im Wesentlichen dem Studium der "humanidades latinas" und des "saber teológico-escriturístico" gewidmet hat[2]. Anschließend trat er in den Orden der Franziskaner ein und verließ im Jahre 1529 seine spanische Heimat, um fortan in Neu-Spanien als Missionar tätig zu sein. Über seine Zeit dort, die er vorwiegend im Hochtal von Mexiko verbrachte, liegen uns die wichtigsten Daten vor allem dank seines Ordensbruders Jerónimo de Mendieta (1525-1604) vor, der ebenfalls missionarisch in Neu-Spanien tätig war und dessen Hauptwerk, die *Historia eclesiástica indiana*, in groben Zügen die wichtigsten Lebensstationen sowie das Tätigkeitsfeld Sahagúns umreißt[3].

Nach dem Wiederauftauchen des Originalmanuskripts im 18. Jahrhundert wurde die HG noch lange Zeit als unverzichtbares Nachschlagewerk lexikalischen Charakters betrachtet und kaum Fragen an ihre inhärenten, nicht informationsbezogenen Problematiken, wie beispielsweise den linguistischen, literarischen oder methodologischen Aspekt gestellt. Erst seit relativ kurzer Zeit wird versucht, Sahagúns gewaltige Materialsammlung nicht mehr ausschließlich in ihre informativen und historisch-ethnologisch „nützlichen" Bestandteile zu zerlegen, sondern als das zu betrachten, was sie vor allem anderen ist: nämlich ein zusammenhängendes und durchkonzipiertes Buch, in dem auf faszinierende Art und Weise die Interaktion zweier Kulturen zum Ausdruck kommt.

---

[1] Sahagún (1981). Im Folgenden als HG abgekürzt.
[2] Castro/Rodríguez Molinero (1986), S. 30.
[3] Mendieta (1973). Alle biografischen Angaben und Daten beziehen sich auf dieses Werk.

Im Folgenden möchte ich zunächst kurz auf die Überlieferung des Werkes und seine Entstehungsgeschichte eingehen, wobei zu sagen ist, dass an dieser Stelle eine ausführliche Darstellung aufgrund der Komplexität des Themas und der vielen voneinander abweichenden Meinungen nicht möglich ist. Auch auf andere von Sahagún verfasste Schriften kann nicht eingegangen werden, da sie entweder nur Teile der HG wiedergeben oder im Zusammenhang mit dem Thema nicht relevant sind (z. B. Predigten und Psalme in Náhuatl). Stattdessen beschränke ich mich auf allgemein akzeptierte Ansichten sowie auf eine knappe Darstellung des thematischen Aufbaus der HG.

Anschließend werde ich auf die von Sahagún verwendete Methodik eingehen und aufzeigen, worin deren Besonderheiten und Neuerungen bestehen. Der Kern der vorliegenden Arbeit wird jedoch vor allem von der Fragestellung nach der Betrachtungsweise des Anderen, der vollkommen fremden Kultur, bestimmt sein. In Bezug auf die spanischen Chroniken[4] der Entdeckung und Eroberung Amerikas wurde dieses Problem hauptsächlich von dem französisch-bulgarischen Linguisten Tzvetan Todorov aufgeworfen, dessen maßgebliches Werk *Die Eroberung Amerikas - Das Problem des Anderen*[5] in diesem Abschnitt eine besondere Rolle spielen wird. Daneben sollen auch die Fragen beantwortet werden, inwieweit der ideologisch-religiöse Rahmen einen Einfluss auf das Werk ausgeübt hat, ob es sich tatsächlich um das Werk nur *eines* Autors handelt und ob in diesem Zusammenhang der Autor als „Ethnologe" bezeichnet werden kann, wie vielfach behauptet wird[6].

Am Schluss der Arbeit soll schließlich auf Sahagúns Bedeutung für die moderne Forschung eingegangen sowie auf mögliche Einflüsse verwiesen werden.

---

[4] Zur Gattungsbezeichnung "Crónicas de Indias" siehe Esteve Barba (1992), S. 7-21.
[5] Todorov (1985). Französische Originalausgabe: *La conquête de l'Amérique. La question de l'autre.* Paris: Seuil 1982.
[6] Diese These findet sich u. a. bei Castro/Rodríguez Molinero (1986) u. Nicolau d'Olwer/Cline (1973).

2 Die Historia General de las cosas de Nueva España

Die HG ist ein im Stile einer mittelalterlichen Enzyklopädie angelegtes Werk, das zwischen 1559 und 1579 von Sahagún und seinen aztekischen Zöglingen verfasst worden ist. Es existieren mehrere Manuskripte, so genannte Kodizes, welche die Grundlage der HG bilden.

2.1 Inhalt und Aufbau

Wie man dem ersten Prolog der HG entnehmen kann, war die ursprüngliche Organisation des Werkes in vier Bänden und zwölf Büchern geplant. Alle Bücher sind in Kapitel unterteilt, wobei jedoch zahlreiche unregelmäßig verteilte Einschübe und Kommentare des Autors das Werk durchziehen. Diese Anmerkungen geben stets die persönlichen Ansichten Sahagúns wieder und sind inhaltlich und formal klar vom Haupttext getrennt. Während Buch I bis XI eher enzyklopädischen Charakter haben, fällt Buch XII vollkommen aus den Rahmen. Es schildert die Eroberung Mexikos aus der Sicht der Indianer und wurde daher von dem Historiker Miguel León-Portilla unter der Sammelbezeichnung "visión de los vencidos"[7] eingeordnet. Als einziger Teil der HG ist es literarisch durchformt und von einer zusammenhängenden Handlung gekennzeichnet.

Qualität und Darstellungsweise der einzelnen Beiträge sind höchst unterschiedlich, wobei wörtliche Reden, Gesänge oder kurz gefasste informative Beiträge direkt nebeneinander stehen können. Sahagúns Enzyklopädie, die darüber hinaus reich illustriert ist, umfasst Bücher über die Gottheiten, die Festlichkeiten, den Unsterblichkeitsglauben und die Begräbnisriten, die Astrologie, die Astronomie und den Kalender, die Magie und die Weissagungen, die Naturphilosophie, die großen Gestalten der Geschichte, über die Wirtschaft und das Brauchtum, die Laster und die Tugenden, die Tiere, Pflanzen und Metalle und schließlich den Bericht über die Eroberung des Aztekenreiches durch die Spanier.

---

[7] León-Portilla (1985).

2.2 Zur Überlieferung

Die meisten Forscher stimmen darin überein, dass von den zahlreichen kursierenden Manuskripten der so genannte *Codex Florentinus*[8] das wichtigste, weil kompletteste ist. Man nimmt an, dass Sahagún 1578/79 auf Anregung des Ordensprovinzials Francisco de Sequera eine neue, zweisprachige (Náhuatl und Spanisch) Fassung seiner bisherigen Arbeiten anfertigen ließ und diese dann von Sequera persönlich nach Spanien transportiert wurde. Dieses Manuskript, das später auf Umwegen nach Florenz gelangte (daher *Codex Florentinus*), wurde wahrscheinlich aufgrund eines königlichen Erlasses von 1577 nach Spanien beordert, da man zu dieser Zeit die Herstellung und Verbreitung von Schriften in Indianersprache unterbinden wollte und zu diesem Zweck deren Konfiszierung anstrebte. Möglicher Grund für dieses Verhalten der spanischen Krone war vielleicht die Angst, durch das Anfertigen von derartigen Schriften dem heidnischen Götzenkult Vorschub zu leisten und damit seine gewünschte Ausrottung zu behindern bzw. zu verzögern[9]. Jedenfalls scheint es, dass Sahagún diesem Befehl Folge leistete und mit dem *Codex Florentinus* gewissermaßen eine von ihm editierte Abschrift der HG nach Spanien gelangte, damit diese dort verwahrt bzw. untersucht werden konnte. Der Kodex besteht aus über 700 Seiten und zahlreichen Abbildungen. Eine Besonderheit ist, dass das gesamte Werk zweisprachig in zwei Kolumnen gehalten ist, wobei die linke Spalte jeweils den spanischen, die rechte jeweils den Náhuatl-Text wiedergibt.

Ein anderes wichtiges Manuskript, das ebenfalls als Quelle der HG gilt, ist der so genannte *Manuscrito de Tolosa*[10]. Während sich der Titel "Historia General"[11] beim *Codex Florentinus* lediglich aus einer einzigen Textstelle ableiten lässt, da dessen Titelblatt vollständig fehlt, ist beim *Manuscrito de Tolosa* der Titel "Historia Universal de las cosas de la Nueva España"[12] zu lesen. Dennoch tendiert die Mehrzahl der Forscher dazu, dem *Codex Florentinus* als Grundlage für die Beschäftigung mit der HG den Vorzug zu geben. Ausschlaggebend hierfür ist, dass der *Manuscrito de Tolosa* zwar ein stilistisch und orthografisch einwandfreieres Spanisch aufweist, dafür aber die Náhuatl-Spalte und die Zeichnungen vollkommen fehlen. Dabei ist es wichtig zu wissen, dass der Náhuatl-Text beim *Codex Florentinus* wesentlich umfangreicher ist als der spanische Text, der einige Stellen völlig ausspart und andere falsch

---

[8] Sahagún (1979).
[9] Castro/Rodríguez Molinero (1986), S. 140 ff.
[10] Sahagún (1905-07).
[11] Ders. (1979), libro X, f. 1: „Comiença el décimo libro de la General Historia [...]"
[12] Sahagún (1905-07).

übersetzt. Bei einem Vergleich der beiden spanischen Versionen (*Manuscrito de Tolosa* und *Codex Florentinus*) fallen jedoch inhaltlich keine größeren Unterschiede auf. Nur in wenigen Punkten sind Veränderungen festzustellen, so vor allem im Buch VI, Kap. 42 und 43. Auch im Buch XII, das als Thema die Eroberung Mexikos hat, fehlen einige indianische Bezeichnungen und Namen. Die meisten Forscher glauben mittlerweile, dass der *Manuscrito de Tolosa* nicht einmal von Sahagún selbst stammt, sondern um das Jahr 1580 von Sequera in Spanien angefertigt wurde. Diese Theorie ist jedoch nach wie vor heftig umstritten[13].

Die Grundlage der meisten Ausgaben der HG ist somit der *Codex Florentinus*, der im Jahre 1783 wieder entdeckt und 1829 erstmals in Teilen veröffentlicht wurde. Eine kritische Edition, die beiden Kodizes Rechnung trägt und auch die Náhuatl-Texte korrekt wiedergibt, ist bis heute nicht erschienen. Als beste Ausgabe der HG, die sich sowohl auf die spanischen als auch auf die náhuatl-sprachigen Teile des *Codex Florentinus* stützt, gilt noch immer die vierbändige Edition von Angel María Garibay aus dem Jahre 1956[14].

2.3 Werksgeschichte und Methodik

Die moderne Forschung hat in den letzten Jahren schlüssig dargelegt, an welchen Orten und in welchen Zeiträumen die Arbeit an der HG vonstatten ging. Insbesondere die maßgebliche Arbeit von Munro S. Edmonson[15], auf die sich auch die folgenden Angaben stützen, macht den Verlauf der Arbeit und deren einzelne Phasen anschaulich.

Die ersten systematischen Untersuchungen fanden demnach wahrscheinlich in Tepepulco (1559-61) statt, wo Sahagún mit Hilfe von Fragebögen aztekische Vornehme und Kaufleute zu ihren religiösen Festen und Vorstellungen befragte. In einer zweiten Phase in Tlatelolco (1661-65) sammelte er weitere Informationen und bediente sich hierzu eines regelrechten Netzwerkes von Informanten, die ihm sowohl mündliche Informationen als auch piktografisches Material aus dem gesamten Hochtal beschafften. In der dritten Phase, in Mexiko-Stadt (1565-1569), ergänzte er deren Angaben durch abermaliges Befragen und fügte dem Gesamtkorpus schließlich noch zwei weitere, bereits im Vorfeld begonnene Bücher hinzu. Diese beiden Bücher sind das Buch XII über die Eroberung Mexikos aus der Sicht der Indianer sowie das Buch VI über Moral und Rhetorik.

---

[13] Zum Forscherstreit siehe Thomas (1998), S. 869 f.
[14] Sahagún (1981).
[15] Edmonson (1974), S. 3-12.

Lange Zeit war sich die Forschung einig, dass Sahagúns methodischer Ansatz, nämlich mit Hilfe von Fragebögen das Wissen seiner Informanten zu Papier zu bringen, *das* Besondere an dem Werk darstellte. Mittlerweile ist jedoch klar, dass andere dies schon vorher getan hatten, wenngleich sie diese Vorgehensweise niemals mit der gleichen ausufernden Konsequenz wie Sahagún angewandt haben dürften[16]. Es scheint, als hätten sich seine Fragen (die leider nicht mehr erhalten sind) auf nahezu alle Wissensgebiete erstreckt. Sahagún selbst gibt im Prolog zum Buch II Auskunft über seine Methode:

> Con estos principales y gramáticos, también principales, platiqué muchos días, cerca de dos años, siguiendo la orden de la minuta que yo tenía hecha.
>
> Todas las cosas que conferimos me las dieron por pinturas, que aquella era la escritura que ellos antiguamente usaban, y los gramáticos las declararon en su lengua, escribiendo la declaración al pie de la pintura. Tengo aun ahora estos originales[17] (II, prólogo).

Interessant ist ebenfalls, dass sich das gesamte Werk durch eine formal strenge Abgrenzung von Sahagúns eigenen Aussagen und den Aussagen seiner Informanten auszeichnet, die er stets ausführlich zu Wort kommen lässt. Darüber hinaus wurde Sahagún immer von náhuatl-sprachigen Zöglingen unterstützt, die er vorher persönlich im Kloster Santa Cruz de Tlatelolco[18] ausgebildet hatte. Die Ausbildung bestand im Wesentlichen darin, dass die Söhne aztekischer Adliger in humanistischer Bildung, Latein und Spanisch unterwiesen wurden. Einige der Zöglinge werden im Werk sogar namentlich erwähnt und es wird darauf hingewiesen, dass weite Teile der HG komplett von ihnen verfasst worden sind, während Sahagún gewissermaßen die Rolle des Wächters und Lehrmeisters übernahm.

---

[16] Schmidt (1993), S. 35.
[17] Sahagún (1981). Alle Stellenangaben im Text beziehen sich auf diese Ausgabe.
[18] Das Kloster Santa Cruz de Tlatelolco wurde wahrscheinlich an der Stelle eines ehemaligen *calmécac*, einer Art „Tempelschule" für die Kinder des aztekischen Adels, erbaut. Möglicherweise bezweckten die Franziskaner damit, die aztekische Bildungstradition teilweise fortzuführen. Vgl. dazu Baudot (1996), S.299.

3   Sahagún - ¿"primer antropólogo en Nueva España"[19]?

Im Verlaufe der langjährigen Arbeit an der HG fand unzweifelhaft eine Annäherung zwischen Sahagún und den Bewohnern von Neu-Spanien statt. Seine gewaltige Materialsammlung stellt sicherlich den Ausdruck einer tiefen Verbundenheit, vielleicht sogar Sympathie gegenüber den Indianern dar. Man darf sich aber dennoch nicht täuschen, was Sahagúns Perspektive betrifft. Denn trotz seines Erkenntnisdrangs bleibt er stets Spanier und ist weit davon entfernt, die Indianer auf eine Stufe mit seiner eigenen Kultur zu stellen. Dieser Vergleich unter Gleichen ist jedoch, wie im Folgenden gezeigt wird, eine unabdingbare Voraussetzung zum Verständnis der anderen Sichtweise. Es ist daher sicherlich gerechtfertigt zu behaupten, dass Sahagún sich zwar teilweise an die aztekische Kultur angenähert hat, sich aber niemals wirklich auf sie einlässt. In seinem Werk dominiert in weiten Teilen die Distanz.

Noch in den siebziger Jahren des zwanzigsten Jahrhunderts wurde Sahagúns Schaffen als ethnologische Meisterleistung bewertet und vor allem die objektive Sichtweise ihres Urhebers gerühmt. Von mancher Seite hieß es sogar, dass Sahagún ein völlig von ethnischen, kulturellen und patriotischen Vorurteilen freier Geist gewesen sei, dem es fern gelegen habe, die Eingeborenen zu assimilieren, geschweige denn, sie in kultureller Hinsicht als minderwertig einzustufen[20].

Diesem überschwänglichen Urteil kann man sich heutzutage kaum mehr anschließen. Vor allem Tzvetan Todorov[21] zeigte in seiner vom Strukturalismus und von der Linguistik geprägten Arbeit deutlich die Grenzen auf, die Sahagún zwischen sich und seinen Informanten zog. Festzuhalten ist hierbei noch, dass die HG besonders im religiösen Bereich durch zahlreiche wertende Urteile auffällt:

Vosotros, los habitantes de esta Nueva España, que sois los mexicanos, tlaxcaltecas, y los que habitáis en la tierra de Mechuacan, y todos los demás indios de estas Indias Occidentales, sabed:

---

[19] Anspielung auf den Titel des Buches von Castro/Rodríguez Molinero (1986).
[20] Nicolau d'Olwer/Cline (1973), S. 207.
[21] Todorov (1985), S. 260-285.

Que todos habéis vivido en grandes tinieblas de infidelidad e idolatría en que os dejaron vuestros antepasados, como está claro vuestras escrituras y pinturas, y ritos idolátricos en que habéis vivido hasta ahora. Pues oid ahora con atención, y entended con diligencia la misericordia que Nuestro Señor os ha hecho por sola su clemencia, en que os ha enviado la lumbre de la fe católica para que conozcáis, que él solo es verdadero dios (I, apéndice).

Sahagún lässt sich immer von seinen religiösen Idealen leiten, die er, gleich den meisten anderen Franziskanern, stets dem „teuflischen" Kult der Azteken entgegen hält. Wenn jedoch Todorov behauptet, dass gerade durch diese starre Haltung das Kennen des Anderen verhindert wird, dann ist dem nur teilweise zuzustimmen[22].

Das Problematische an Todorovs Arbeit zur Sicht des Anderen ist nämlich seine synchronische Betrachtungsweise. Todorov unterscheidet zwischen vier Hauptphasen der Entdeckung und Eroberung Mexikos (Entdecken, Erobern, Lieben, Kennen), wobei er lediglich Sahagún und dem Dominikaner Diego Durán[23] das Verstehen (Kennen) der anderen Kultur überhaupt zubilligen möchte. Durán bezeichnet er in diesem Zusammenhang als „kulturellen Mestizen"[24], der als einziger nicht die Assimilierung bzw. Dominierung des Indianers angestrebt hätte, wie etwa Las Casas[25] oder Sahagún. Bei anderen Gestalten fallen seine Urteile noch negativer aus. So bezeichnet er den Chronisten Oviedo[26] gar als „fremdenfeindlich" und „rassistisch"[27] und spricht in Zusammenhang mit der Eroberung stets von „Völkermord"[28]. In dieser synchronischen Betrachtungsweise wird Sahagún zum Vorwurf gemacht, dass er aufgrund seiner ideologischen Scheuklappen nicht in der Lage gewesen sei, die andere Kultur in ihrer ganzen Komplexität zu begreifen und die absolute Konsequenz seines Handelns zu erkennen. Todorov schreibt dazu:

> Sahagún zieht keine revolutionären Schlussfolgerungen; aber impliziert seine Argumentation nicht, dass die Christianisierung insgesamt gesehen mehr Schlechtes als Gutes gebracht hat?

---

[22] Ebd., S. 269.
[23] Diego Durán (1537-1588), Verfasser der *Historia de las Indias de Nueva España e Islas de la Tierra Firme.*
[24] Todorov (1985), S. 250.
[25] Bartolomé de las Casas (1474-1566), Verfasser folgender Schriften: *Brevísima relación de la destruyción de las Indias, Apologética historia de las Indias, Historia de las Indias.*
[26] Gonzalo Fernández de Oviedo (1478-1557), Verfasser der *Historia general y natural de las Indias.*
[27] Todorov (1985), S. 183.
[28] Ebd., S. 155-202.

Was er sich, wie andere Franziskaner auch, im Grunde erträumt, ist eher die Schaffung eines neuen Idealstaates: mexikanisch (also von Spanien unabhängig) und zugleich christlich, ein Reich Gottes auf Erden (Todorov 1985, S. 281).

Andere Autoren, wie zum Beispiel Simón Valcárcel Martínez[29], weisen jedoch darauf hin, dass eine solche Betrachtungsweise dem beachtlichen Verstehensprozess einiger Chronisten nicht gerecht wird. Todorov sieht demnach nicht die ununterbrochene Entwicklung interkultureller Kommunikation, die bereits Anfang des 16. Jahrhunderts begann und schließlich im Werk von Männern wie Motilinía[30], Durán und Sahagún ihren Höhepunkt erreichte, so dass in manchen Fällen sogar von einer – zumindest ansatzweisen – Transkulturation[31] die Rede sein kann. Valcárcel Martínez zufolge wäre es besser, eine diachronische Sichtweise anzulegen und zu versuchen, sich dem kulturellen und religiösen Kontext der Zeit so weit wie möglich anzunähern. Schließlich waren alle beteiligten Spanier niemals frei von typischen Konzeptionen und Glaubensvorstellungen des 16. Jahrhunderts und die Gefahr ist groß, die *Anderen*, in diesem Falle die Spanier bei ihrem Versuch eine fremde Kultur zu begreifen, aus unserer heutigen Sicht zu beurteilen bzw. zu verurteilen[32].

Ob nun Sahagún aus heutiger Sicht als Ethnologe bzw. Anthropologe bezeichnet werden kann, darüber herrscht nach wie vor große Uneinigkeit unter den Gelehrten. Sicher ist, dass er eine zwar wichtige Vorreiterrolle als Ethnograf und Historiker gespielt hat, doch zeit- und religionsgebunden waren ihm klare Grenzen gesetzt. Bei einer Betrachtung seiner Intentionen, seiner religiösen Verpflichtungen, seiner Arbeitsweise und der textimmanenten Alteritätsproblematik wird schnell klar, dass Sahagúns Werk den heutigen Maßstäben des Ethnologen nur schwer entsprechen kann.

3.1 Die Intention des Autors und sein ideologischer Rahmen

Sahagún bleibt seinen religiösen Grundüberzeugungen und seinem Missionsauftrag immer treu. In seinem Selbstverständnis sieht er sich als Arzt oder Seelenheiler und legt damit bereits das Grundprogramm der HG fest:

---

[29] Valcárcel Martínez (1997), S.173-218.
[30] Toribio de Benavente, genannt *Motilinía* (Náhuatl: „der Arme"). Franziskaner und Missionar in Neu-Spanien. Sein Werk, die *Historia de los Indios de la Nueva España*, übte möglicherweise Einfluss auf Sahagúns ethnografisches Schaffen aus.
[31] Dieser Begriff wird unter Punkt 3.3 näher erläutert.
[32] Valcárcel Martínez (1997), S. 175.

El médico no puede acertadamente aplicar las medicinas al enfermo (sin) que primero conozca de qué humor, o de qué causa proceda la enfermedad; de manera que el buen médico conviene sea docto en el conocimiento de las medicinas y en el de las enfermedades, para aplicar conveniblemente a cada enfermedad la medicina contraria (y porque), los predicadores y confesores médicos son de las ánimas, para curar las enfermedades espirituales conviene (que) tengan experiencia de las medicinas y de las enfermedades espirituales: el predicador de los vicios de la república, para enderezar contra ellos su doctrina; y el confesor, para saber preguntar lo que conviene y entender lo que dijesen tocante a su oficio, conviene mucho que sepan lo necesario para ejercitar sus oficios; ni conviene se descuiden los ministros de esta conversión, con decir que entre esta gente no hay más pecados que borrachera, hurto y carnalidad, porque otros muchos pecados hay entre ellos muy más graves y que tienen gran necesidad de remedio: Los pecados de la idolatría y ritos idolátricos, y supersticiones idolátricas, no son aun perdidos del todo (I, prólogo).

Im Unterschied zu einigen seiner Ordensbrüder glaubt er, dass die alten Riten und Gebräuche noch nicht ausgerottet sind und propagiert daher deren intensives Studium. Seiner Meinung nach sei es mit der Konversion der Heiden noch lange nicht getan, denn wer wirklich missionieren wolle, der müsse versuchen, die Religion der Anvertrauten so gut wie möglich zu verstehen. Zu diesem Zweck zeichnet Sahagún alles auf, was ihm bei seiner Missionsarbeit behilflich sein könnte, um auf diese Weise eine Art „Standardwerk" für andere Geistliche zu schaffen.

Maßgeblich bei einer solchen Tätigkeit ist natürlich die genaue Kenntnis des Náhuatl. Er selbst spricht diese Sprache perfekt und macht es sich in der HG zum Ziel, sie mit all ihren Feinheiten und Redewendungen festzuhalten, weil er glaubt, sie so vor dem Untergang bewahren zu können. In diesem Sinne kreiert er eine geradezu wissenschaftliche Erhebungsmethode für die Darstellung des Náhuatl-Wortschatzes, wobei es ihm weniger um Grammatik oder Lautlehre, sondern eher um das Erstellen eines „dinglich-lexikalischen Thesaurus"[33] geht:

---

[33] Tyrakowski (1997), S. 318.

Es esta obra como una red barredera para sacar a luz todos los vocablos de esta lengua con sus propias y metafóricas significaciones, y todas sus maneras de hablar, y las más de sus antiguallas buenas y malas; es para redimir mil canas, porque con harto menos trabajo de lo que aquí me cuesta, podrán los que quisieren saber en poco tiempo muchas de sus antiguallas y todo el lenguaje de esta gente mexicana (I, prólogo).

Obwohl Sahagún dazu tendiert, bei religiösen Angelegenheiten schnell Werturteile zu fällen, darf man bei der Beschreibung der meisten anderen Dinge von einem ausgesprochenen Realitätssinn des Autors sprechen[34]. Man kann annehmen, dass er dazu neigt, die Azteken für ihre natürlichen Dinge (z. B. die Sprache) zu bewundern, während er für alles Religiöse oder Metaphysische (z. B. Menschenopfer) keinerlei Verständnis hat. Auffallend ist zudem das Fehlen jeglicher millenaristischer Züge, wie dies bei vielen Franziskanern (z. B. Mendieta) der Fall ist[35]. Selbst wenn Todorov, wie in oben stehendem Zitat, die Meinung vertritt, dass Sahagúns heimlicher Traum die Schaffung eines utopischen Idealstaats ist, so überwiegt nach Meinung der meisten anderen Gelehrten bei ihm eher die Skepsis gegenüber den allzu leichten Missionserfolgen seiner Mitbrüder und deren apokalyptischen Ideen. Er verachtet all diejenigen, die sich rühmen, in wenigen Tagen Tausende von Menschen getauft zu haben, um so die „apokalyptische Arbeit" Spaniens zu beschleunigen[36]. Anstatt den Idealstaat zu beschreiben, beschränkt er sich darauf, die negativen Aspekte des gegenwärtigen Staates zu unterstreichen und kommt so schließlich zu dem überraschenden Schluss, dass die Ablösung der aztekischen Gesellschaft durch die spanische negativ zu beurteilen ist:

Como esto cesó por la venida de los españoles, y porque ellos derrocaron y echaron por tierra todas las costumbres y maneras de regir que tenían estos naturales, y quisieron reducirlos a la manera de vivir de España, así en las cosas divinas como en las humanas, teniendo entendido que eran idólatras y bárbaros, perdióse todo el regimiento que tenían [...]

Pero viendo ahora que esta manera de policía cría gente muy viciosa, de muy malas inclinaciones y muy malas obras, las cuales los hace a ellos odiosos a Dios y a los hombres, y aun los causan grandes enfermedades y breve vida (X, 27).

---

[34] Schmidt (1993), S. 40.
[35] Zum Millenarismus der Franziskaner vgl. Baudot (1996), S. 287-320.
[36] Schmidt (1993), S. 40.

Zusammenfassend bleibt zu sagen, dass sich zwei Hauptbeweggründe für die Niederschrift der HG ausmachen lassen. Der Wunsch, die Náhuatlkultur zu bewahren bzw. zu verstehen, wird mit dem Bedürfnis der besseren Missionierung verbunden. Gerade die Verknüpfung dieser beiden Ziele macht die Komplexität des Werkes aus.

3.2 Kritische Ansicht der Methode

Um besser gegen die Abgötterei predigen zu können, musste Sahagún die Strukturen der aztekischen Religion möglichst methodisch erfassen. Bei einer kritischen Betrachtung seiner Arbeitsweise werden jedoch verschiedene Probleme offenbar.

Da bei einer groß angelegten Befragung das Endresultat, also das von der aztekischen Gesellschaft gezeichnete Bild, in hohem Maße von der sozialen Herkunft der Informanten abhängt, stellt sich automatisch die Frage, wen er wozu befragt hat. Auch wenn einige Autoren anführen, dass Sahagún vor allem ehemalige Priester herangezogen haben soll[37], so ist dies nicht zu beweisen. An keiner Stelle des Textes finden sich Hinweise auf diesen Sachverhalt. Vielmehr führt Sahagún selbst zwei andere Gruppen von Informanten an: Adlige und Kaufleute. So wird deutlich, dass sich nur eine bestimmte soziale Schicht unter seinen Informanten befand, während andere Gruppen, wie zum Beispiel Handwerker und Bauern, von der Befragung ausgeschlossen waren. Für die HG heißt das, dass Aussagen über das Sozialleben sowie Angaben zum Verhalten bei der Eroberung ausgesprochen vorsichtig behandelt werden müssen. Manche Aussagen könnten unter dem Einfluss von nachträglichem Rechtfertigungszwang bzw. Opportunismus entstanden sein. Hervorzuheben ist in diesem Zusammenhang besonders der Fall Tlatelolcos, aus dem die meisten Informanten Sahagúns stammten. Dieser Ort, der die Schwesterstadt von Tenochtitlán war, spielt in Buch XII eine auffallend wichtige Rolle. Man darf annehmen, dass die Informanten in ihren Schilderungen bewusst übertrieben haben, um im Nachhinein in einem besseren Licht zu erscheinen. Ein Mann aus Tenochtitlán (= tenochca), der eigentlichen Hauptstadt, hätte folgenden Abschnitt mit Sicherheit nicht zu Protokoll gegeben:

> En este tiempo los tenochcas vinieron a refugiarse a Tlatelolco. Era general el llanto, lloraban con grandes gritos [...]

---

[37] Diese These findet sich u. a. bei Baudot (1996) u. Nicolau d'Olwer/Cline (1973).

El tiempo en que abandonaron la ciudad fué un solo día. Pero los de Tlatelolco se encaminaron a Tenochtitlán para seguir la batalla. Fué cuando Pedro de Alvarado se lanzó contra Iliacac ("Punta de alisos") que es del rumbo de Nonoalco, pero nada pudo hacer. Era como si se arrojaran contra una roca: porque los de Tlatelolco eran hombres muy valientes (XII, 32, versión directa del náhuatl).

Aufgrund der Herkunft der meisten Informanten kann die HG also keineswegs als repräsentativ für ganz Neu-Spanien bezeichnet werden, wie es der Titel assoziiert, sondern lediglich für das Hochtal von Mexiko gelten. Die dominierenden Perspektiven hierbei – vor allem in Buch XII – sind die Sicht Tenochtitláns und in besonderem Maße die Sicht Tlatelolcos.

Bei der Lektüre kann leicht der Eindruck entstehen, dass es sich bei der aztekischen Gesellschaft um eine städtische Gesellschaft mit hohem Urbanisierungsgrad gehandelt hat. Denn während Sahagún den Kaufleuten etwa ein ganzes Buch widmet, kommen Dinge der Landwirtschaft nur sehr selten zur Sprache. Die realen Verhältnisse werden dadurch extrem verzerrt. Die meisten Forscher glauben heute, dass die aztekische Gesellschaft in erster Linie eine bäuerliche Gesellschaft war, die ohne eine funktionierende Agrarproduktion die Versorgung der ca. 200.000 Einwohner von Tenochtitlán kaum hätte gewährleisten können[38].

Ein zweites Problem der Befragung ist geschlechterspezifischer Natur. So führt die nordamerikanische Mexikanistin Betty Ann Brown zu Recht an, dass Frauen zwar in Bildern dargestellt, aber nicht von Sahagún angehört wurden[39]. Dies ist insofern verwunderlich, da Frauen nachweislich in der Medizin und Heilkunst der Azteken eine wichtige Rolle spielten. Sahagún widmet dem Thema Medizin und Heilpflanzen zwar ein ganzes Buch, verzichtet dabei aber größtenteils auf die Anhörung sachkundiger Frauen.

Ein weiteres Problem stellt die sachliche Kompetenz der Befragten dar. Wenngleich Sahagún im Vorwort zur HG auch beteuern mag, dass er nur Spezialisten und ausgesprochene Kenner der Materie zu Wort kommen lässt, so stellt sich dennoch die Frage, welche Kenntnisse gut eine Generation nach dem Untergang des Aztekenreiches überhaupt noch vorhanden waren. Kann man nicht davon ausgehen, dass zumindest ein Teil der alten Bräuche und Kenntnisse

---

[38] Schmidt (1993), S. 36.
[39] Brown (1983), S. 119-153.

schon in Vergessenheit geraten war? Seine Zöglinge beispielsweise waren maßgeblich an dem Werk beteiligt, zu dem sie nicht nur die Abschriften anfertigten, sondern auch so manchen Text beisteuerten. Aber konnten sie als Neuchristen, die die meiste Zeit schon unter der neuen spanischen Ordnung gelebt hatten, noch genau zwischen alter Überlieferung und spanischer Sitte unterscheiden? Dass dem nicht so war, lässt sich am eindrucksvollsten an den zahlreichen Zeichnungen des *Codex Florentinus* beweisen. Obwohl die Zeichnungen dazu gedacht waren, die alten Gewohnheiten und Anschauungen zu illustrieren, enthalten sie eine Vielzahl von Anachronismen, die bereits auf den ersten Blick feststellbar sind. So findet sich zum Beispiel im Buch X ein aztekischer Schneider, der anstatt einer mexikanischen Obsidianklinge eine europäische Schere benutzt, und an anderer Stelle ist ein Schreiner mit einer europäischen Säge zu sehen[40]. Wie an diesem Exempel deutlich wird, ist der Prozess des "mestizaje" unter Sahagúns Informanten bereits weit fortgeschritten. Doch selbst wenn sie sich noch an alles genau erinnern konnten, wer konnte garantieren, dass sie ihm nichts verheimlichten? Es darf als sicher gelten, dass im privaten Bereich noch so manche vorspanische Praxis weiter existierte. Doch waren die Informanten auch gewillt, dem spanischen Mönch dies preiszugeben? Aufgrund der Inquisition, die strenge Strafen für Häretiker vorsah, ist eher anzunehmen, dass so manche verbotene Glaubenslehre geheim gehalten wurde. Die zahlreichen Prozesse gegen nicht orthodoxe Indianer sowie die Vernichtung ihrer Heiligtümer und ihrer Handschriften durch den spanischen Klerus dürften hier zusätzlich abschreckend gewirkt haben[41]. Weil sich die Indianer also vorzusehen hatten, haben sie Sahagún gewiss viele Dinge verschwiegen. Man kann deshalb auch die Gesprächssituation zwischen dem Franziskaner und den Indianern mit Sicherheit nicht als kommunikativen Akt gleichberechtigter Teilnehmer begreifen. Dies ist eine bevorzugte Ansicht mancher Forscher, die in Sahagún oftmals einen beispielhaften, zukunftsweisenden "protoantropólogo" sehen wollen[42].

Doch nicht nur seine Informanten, auch Sahagún selbst unterlag Beschränkungen und Zwängen, da er gegen Ende seiner Arbeit unter ständiger Aufsicht stand. Aufgrund des Erlasses gegen die Verfassung von Schriften in Indianersprachen war sein ambitioniertes Projekt vielen Autoritäten ein Dorn im Auge.

---

[40] Sahagún (1979), libro X, f. 23.
[41] In México-Tenochtitlán tat sich vor allem der franziskanische Bischof Juan de Zumárraga durch die öffentliche Zerstörung der aztekischen Bilderhandschriften hervor.
[42] Castro/Rodríguez Molinero (1986), S. 205.

Man darf daher mutmaßen, dass er selbst so manche Auslassung und Kürzung vorgenommen hat, um sich und seine Informanten vor der Inquisition und religiösen Eiferern zu schützen. Was die von Sahagún benutzten Fragebögen betrifft, so wurde bereits angesprochen, dass diese nicht mehr existieren. Dennoch gelang es, sie mit Hilfe der im Text enthaltenen Antworten zumindest grob zu rekonstruieren[43]. Der Sahagún-Spezialist Alfredo López Austin stellt so etwa für Buch I, das den Göttern der Azteken gewidmet ist, folgendes Frageschema fest:

1) Welches waren die Titel, die Attribute, die Charakteristiken des Gottes?
2) Welches waren seine Kräfte?
3) Welche Zeremonien wurden zu seinen Ehren vollzogen?
4) Wie war sein äußeres Erscheinungsbild?[44]

Todorov weist in diesem Zusammenhang darauf hin, dass Sahagún mit seinem Fragebogen den Informanten ein begriffliches Raster aufzwang, so dass uns das Endresultat, der Náhuatl-Text, als Träger einer Ordnung erscheint, die es in Wirklichkeit gar nicht gab[45]. Die Ordnung wird erst durch den Fragebogen geschaffen. Merkwürdig ist dabei jedoch, dass zwar bei fast allen Büchern eine solche Ordnung festzustellen ist, sie dann am Ende aber immer mehr in Abschweifungen und Abweichungen zerfällt. Der Endteil eines jeden Buches ist gewissermaßen der Improvisation vorbehalten, die so die Auswirkungen des Fragebogens kompensieren kann.

Dass Sahagún bei diesem Verfahren mehr und mehr Ansichten verarbeitete, die mit seinem ursprünglichen Ziel nicht zu vereinbaren waren, ist evident. Wiederum Todorov unterstreicht die Tatsache, dass in Wirklichkeit zwei Drittel der gesamten Arbeit in keinem erkennbaren Kontext zur ursprünglichen Zielsetzung, nämlich der Konversion der Heiden, stehen[46].

Es scheint, als ob Sahagún von seinem ursprünglichen Vorhaben abgekommen sei, um sein Wissen in den Dienst der Erhaltung der Náhuatl-Kultur zu stellen, anstatt es zur besseren Verbreitung der europäischen Kultur zu nutzen. Todorov führt hierzu eine Textstelle aus der HG an, die ich gerne wiedergeben möchte, weil sie nicht nur zeigt, dass viele der

---

[43] López Austin (1974), S. 111-150.
[44] Ebd., S. 123.
[45] Todorov (1985), S. 276.
[46] Ebd., S. 278.

Beschreibungen keinerlei christlichen Nutzen haben, sondern weil sie auch verdeutlicht, dass Sahagún offensichtlich nicht alles Material so gewissenhaft geprüft hat, wie seine modernen Bewunderer dies oft behaupten[47]. Eines ist sicher: ein Wesen wie das im Folgenden beschriebene gibt und gab es nicht:

> Para cazar personas tiene esta culebra una astucia notable, hace un hoyo cerca del agua, de tamaño de un lebrillo grande, y toma peces grandes de las cuevas, como barbos u otros de otra manera, y tráelos en la boca y échalos en el hoyo que tiene hecho, y antes que los eche levanta el cuello en alto y mira a todas partes, y luego echa los peces en la lagunilla, y vuelve otra vez, tómanle los peces de la lagunilla y echan a huir con ellos.
>
> De que sale otra vez la culebra luego ve que le han tomado los peces, y luego se levanta en alto sobre la cola, y mira a todas partes, y aunque vaya algo lejos el que lleva los peces, vele, y si no le ve por el olor le va rastreando, y echa tras él tan recio como saeta, que parece que vuela por encima de los zacates y de las matas, y como llega al que le lleva los peces, enrróscasele al cuello y apriétale reciamente, y la cola, como la tiene hendida, métesela por las narices cada punta por cada ventana, o se las mete por el sieso; hecho esto apriétase reciamente el cuerpo de aquel que le hurtó los peces, y mátale (XI, 4).

3.3   Akkulturation oder Transkulturation?

Es handelt sich bei der HG zwar nicht um ein Buch, das aus purer ethnologischer Neugier geschrieben wurde, doch augenscheinlich bewirkte die Faszination der fremden Kultur, dass Sahagún mehr und mehr von seinem ursprünglichen Thema abkam. Während es anfangs noch sein erklärtes Ziel war, die Christianisierung der Indianer durch das Studium ihrer Religion zu erleichtern, nahm er im Laufe der Zeit immer mehr Abstand von dieser Aufgabe. Schließlich schuf er eine Enzyklopädie, in der Fragen des Menschen und der Natur genauso viel Raum einnehmen wie das Metaphysische oder das Göttliche. Mit einiger Wahrscheinlichkeit ist dieser Wandel auf den Einfluss der einheimischen Informanten und die unglaubliche Fülle des Materials zurückzuführen. Man könnte sagen, dass sich bei der Auswahl der Themen die Stimme der Informanten gegenüber Sahagúns ursprünglichem Plan durchgesetzt hat bzw. in der Stimme des Franziskaners selbst zum Ausdruck kommt.

---

[47] Vgl. Castro/Rodríguez Molinero (1986), S. 202 ff.

Wie bereits erwähnt, vertritt Todorov die These, dass Las Casas und Sahagún die vollständige Assimilation der Indianer angestrebt hätten. Im religiösen Bereich kann diesem Argument kaum etwas entgegengehalten werden, da Sahagún ohne Zweifel nichts wichtiger war als die Beseitigung des alten Götzenkultes. In diesem Zusammenhang ist der Begriff der Akkulturation wichtig. *Per definitionem* spricht man dann von Akkulturation, wenn sich eine (unterlegene) Kultur einer anderen unterordnet oder aber sich ihr vollkommen anzugleichen sucht (Assimilation). Da bei der Kultur der Indianer jedoch davon auszugehen ist, dass nicht alle Sitten und Gebräuche aufgegeben wurden bzw. diese lediglich neue Formen annahmen (z. B. Synkretismus), ist der Begriff nicht sonderlich gut geeignet, um den Kulturwandel nach der spanischen Eroberung zu beschreiben. Der Kubaner Fernando Ortiz[48] schlug daher bereits in den 40er Jahren den Begriff der Transkulturation vor, der seiner Meinung nach den komplizierten lateinamerikanischen Verhältnissen besser entspricht. Er ging davon aus, dass das gegenseitige Aufeinanderzugehen zweier Kulturen mit dem Resultat einer neuen Mischkultur ("mestizaje") der weitaus häufigere Fall in der Geschichte Lateinamerikas war.

Wie äußert sich der Prozess der Akkulturation bzw. Transkulturation nun konkret in Sahagúns Werk? Zunächst einmal ist auffällig, dass die Trennung zwischen Informant und Autor nur formaler Natur ist. Die HG ist in starkem Maße durch eine Wechselwirkung gekennzeichnet, die es unmöglich macht, das Buch ohne Berücksichtigung der Interaktion auseinander zu brechen. Viele moderne Sahagún-Spezialisten[49] neigen dazu, die Verantwortlichkeit für den Inhalt des Náhuatl-Textes einzig und allein den aztekischen Informanten zuzuschreiben, während Sahagúns Diskurs ausschließlich im spanischen Teil zu erkennen ist. Wie die Stimme der Informanten aber auch durch Sahagún spricht, lässt zum Beispiel folgender Satz erkennen: "yo, fray Bernardino de Sahagún [...] escribí doce libros de las cosas divinas, o por mejor decir idolátricas" (I, prólogo).

Anscheinend vermischen sich hier Sahagúns eigene Meinung ("cosas idolátricas") mit der Meinung seiner Informanten ("cosas divinas"). Nicht selten nimmt er eine derart ambivalente Haltung ein. Er greift dann Begriffe seiner Informanten auf, ohne jedoch gänzlich auf deren Seite zu wechseln. So heißt es an anderer Stelle etwa über die Gottheit Tezcatlipoca: "

---

[48] Ortiz (1940).
[49] Martínez (1992), S. 163.

20

ES ORACION DEL MAYOR SATRAPA DONDE SE PONEN DELICADEZAS MUCHAS EN PENITENCIA Y EN LENGUAJE" (VI, 5). Die Verwendung des gegensätzlichen Begriffspaars ("SATRAPA" / "DELICADEZAS") sorgt hier dafür, dass sich das ursprünglich wertende Urteil des Franziskaners aufhebt[50].

Ein weiteres Beispiel für Sahagúns Ambivalenz stellen all jene Textstellen dar, die sich mit dem Werteverfall in der kolonialen Gesellschaft beschäftigen. Hier wird klar deutlich, dass er bestimmte soziale Qualitäten der untergegangenen Aztekenkultur, wie beispielsweise Bildung und Erziehung, den Werten der neu entstandenen Gesellschaft vorzieht:

> Pero como no se ejercitaban en los trabajos corporales como solían y como demanda la condición de su briosa sensualidad, y también comían mejor de lo que acostumbraban de su república antigua, porque ejercitábamos con ellos la blandura y piedad que entre nosotros se usa, comenzaron a tener bríos sensuales y a entender en cosas de lascivia (X, 27).

Die Schuld an diesem Verhalten tragen jedoch nicht die Indianer, die Sahagún in keiner Weise als minderwertig betrachtet. Vielmehr führt er an anderer Stelle die klimatischen und geografischen Bedingungen des Landes als Grund an, die Indianer wie Spanier gleichermaßen verderben würden:

> Y no me maravillo tanto de las tachas y dislates de los naturales de esta tierra, porque los españoles que en ella habitan, y mucho más los que en ella nacen, muy al propio de los indios, en el aspecto parecen españoles y en las condiciones no lo son; los que son naturales españoles, si no tienen mucho aviso, a pocos años andados de su llegada a esta tierra se hacen otros; y esto pienso que lo hace el clima, o constelaciones de esta tierra (ebd.).

Dennoch darf man den Franziskaner keinesfalls als Anhänger des "mestizaje" bezeichnen. Er propagiert weder Kulturvermischung noch idealisiert er die Indianer, wie es Las Casas tut. Wenn sich bei Sahagún gewisse Tendenzen der Transkulturation zeigen, so ist dies vielmehr ein zufälliger Prozess. Man kann sagen, dass der Dialog der Kulturen bei ihm eher durch ein ungewolltes Abgleiten bzw. Abkommen von seiner ursprünglichen Zielsetzung zu erklären

---

[50] Mit dem Begriff *Satrap* (wörtlich „Reichsschützer") wurden im alten Persien die Stellvertreter des Großkönigs bezeichnet. Die Feindschaft mit Griechenland sorgte dafür, dass das Wort bereits in der Antike mit negativen Formen der Herrschaftsausübung assoziiert wurde. Sahagún verwendet den Begriff im Sinne von „Götze".

ist. Niemals wird der textimmanent vorhandene Dialog zur Methode erhoben. Am Endziel, der religiösen Assimilation, hält Sahagún immer fest und lässt hier auch keine Zweifel aufkommen. Ebenso ist er ein entschiedener Gegner jeglicher Kulturvermischung im religiösen Bereich, wie an vielen Stellen der HG deutlich wird. Dass etwa die katholische Jungfrau Maria und die aztekische Göttin Tonantzin in Wirklichkeit die gleiche religiöse Funktion erfüllen und somit einen synkretistischen Mischkult darstellen, ist für ihn nicht rational begreifbar. Im Gegensatz zum modernen Ethnologen führt er derartige Phänomene stets auf das Wirken des Teufels zurück:

> Parece esta invención satánica, para paliar la idolatría debajo la equivocación de este nombre *Tonantzin*, y vienen ahora a visitar a esta *Tonantzin* de muy lejos, tan lejos como de antes, la cual devoción también es sospechosa, porque en todas partes hay muchas iglesias de Nuestra Señora, y no van a ellas, y vienen de lejas tierras a esta *Tonantzin*, como antiguamente
> (XI, apéndice).

Wie an Sahagúns Beispiel sichtbar wird, deutet vieles im kolonialen Mexiko eher auf eine Transkulturation als auf eine Akkulturation hin. Man muss jedoch eingestehen, dass aufgrund der schwerwiegenden Kulturzerstörung durch die Spanier eine gewisse „Okzidentalisierung" den größten Part dieses Prozesses ausmacht, während das indigene Erbe eher gering ausfällt. Bestimmte indianische Elemente leben jedoch noch immer in der modernen mexikanischen Gesellschaft fort. Es ist vielfach das Verdienst von Männern wie Sahagún, dass man heute relativ exakt bestimmen kann, welche Gebräuche, Dinge und Wörter aus vorspanischer Zeit stammen und welche nicht.

3.4   3.4 Ethnograf oder Ethnologe?

An dieser Stelle ist es nützlich festzuhalten, was nach heutiger Ansicht die Grundvoraussetzungen für die Arbeit eines Ethnologen sind. Einem modernen Standardwerk[51] zufolge, ist Ethnologie zunächst einmal eine streng wissenschaftliche Disziplin, die Unterschiede und Übereinstimmungen in den Lebensweisen menschlicher Gemeinschaften feststellt und sie zu erklären versucht. Dabei setzt die Wahrnehmung von kulturellen Unterschieden die grundsätzliche Annahme von Gemeinsamkeiten voraus.

---

[51] Vgl. Fischer (1998), S. 3-20.

22

Denn nur wenn man Menschen als prinzipiell gleich anerkennt bzw. sich mit ihnen auf eine Stufe stellt, um so seine eigenen kulturellen Kategorien zu relativieren, sind Unterschiede etwas zu Erklärendes. Es gilt nun also festzustellen, ob und wie weit Sahagún diese Kriterien erfüllt.

Auf der Ebene des Kulturvergleichs zieht Sahagún gelegentlich die griechische oder römische Kultur heran, um dem europäischen Leser die Eigenarten der aztekischen Welt näher zu bringen. Wie Todorov jedoch richtig bemerkt, nutzt Sahagún dazu bewusst die Götter der *Anderen*, weil er sich nämlich intuitiv weigert, die aztekische Kultur mit der christlich-abendländischen gleich zu setzen[52]. Niemals bringt er sich selbst mit den Azteken auf eine Ebene und stellt auch nicht die eigenen Wertmaßstäbe in Frage. Darüber hinaus finden sich die Vergleiche zu Griechen und Römern auch nicht im Náhuatl-Text und beziehen sich entweder nur auf einzelne Gottheiten oder auf die Städte und Bauten der Azteken. So heißt es etwa im Vorwort der HG:

> Esta célebre y gran ciudad de Tula, muy rica y decente, muy sabia y muy esforzada, tuvo la adversa fortuna de Troya. Los chololtecas, que son los que de ella se escaparon, han tenido la sucesión de los romanos, y como los romanos edificaron el Capitolio para su fortaleza, así los cholulanos edificaron a mano aquel promontorio que está junto a Cholula, que es como una sierra o un gran monte, y está todo lleno de minas o cuevas por de dentro. Muchos años después los mexicanos edificaron la ciudad de México, que es otra Venecia, y ellos en saber y en policía son otros venecianos. Los tlaxcaltecas parecen haber sucedido en la fortuna de los cartaginenses (I, prólogo).

Wie bereits angesprochen, ergibt sich bei Sahagún der Dialog der Kulturen eher zufällig und Vergleiche wie der oben angeführte kommen ausgesprochen selten vor. Doch auch seine methodologische Meisterleistung, die Fragebögen, offenbaren bei näherer Betrachtung ein schwerwiegendes Defizit. Wenn man die von López Austin rekonstruierten Fragen aufmerksam durchgeht, fällt auf, dass sie zwar alle ins Detail gehen, aber selten die Bedeutung der Dinge erfassen.

---

[52] Todorov (1985), S. 284.

Man kann sagen, dass Sahagún zwar die Form interessiert, aber dass er der Bedeutung viel zu wenig Wert beimisst. Anstatt zu interpretieren, beschränkt er sich darauf zu beschreiben. Bei der folgenden Schilderung eines Menschenopfers erwähnt er zum Beispiel mit keinem Wort die metaphysisch-religiöse Bedeutung des Vorganges:

> Llegándolos al tajón, que era una piedra de tres palmos en alto o poco más, y dos de ancho, o casi, echábanlos sobre ella de espaldas y tomábanlos cinco: dos por las piernas y dos por los brazos y uno por la cabeza, y venía luego el sacerdote que le había de matar y dábale con ambas manos, con una piedra de pedernal, hecha a manera de hierro de lanzón, por los pechos, y por el agujero que hacía metía la mano y arrancábale el corazón, y luego le ofrecía al sol; echábale en una jícara (II, 2).

Die Rolle Sahagúns ist eher die eines Materialsammlers und Ethnografen, der zwar eine immense Anzahl von Dokumenten und Zeugnissen zusammenträgt, doch größtenteils auf deren Interpretation und Bewertung verzichtet. Nur bei der Schilderung von subjektiv besonders grausamen oder moralisch verwerflichen Dingen schaltet er sich in Form von Einschüben ein, um seine Meinung kundzutun. Dabei ist dann meist von „teuflischen" oder „nekromantischen" Werken die Rede, die nur durch den Einfluss des Satans zu erklären seien. Wie die meisten anderen Franziskaner auch, geht Sahagún davon aus, dass die Indianer zwar Geschöpfe des Herren sind und ebenfalls von Adam abstammen, doch schon seit Anbeginn ihrer Zivilisation unter dem Joch des Teufels leben mussten:

> Es, cierto, cosa de grande admiración que haya nuestro señor Dios tantos siglos ocultado una selva de tantas gentes idólatras, cuyos frutos ubérrimos sólo el demonio los ha cogido, y en el fuego infernal los tiene atesorados
> (I, prólogo).

Dass die Indianer aber dennoch „unsere Brüder" sind, daran lässt er keinen Zweifel:

> pues es certísimo que estas gentes todas son nuestros hermanos, procedentes del tronco de Adán como nosotros, son nuestros prójimos, a quien somos obligados a amar como a nosotros mismos (ebd.).

24

Sahagún stellt in seinem Werk also zwei Stimmen nebeneinander, von denen eine die (christliche) Wahrheit und die andere die (aztekische) Unwahrheit repräsentieren soll. Dennoch gelingt es ihm nicht immer, wie aufgrund des vorangegangenen deutlich geworden ist, diesen starren Kurs beizubehalten. Gelegentlich kommt es zu bemerkenswerten Interferenzen und die beiden unterschiedlichen Perspektiven verflechten sich miteinander. Da dieser Prozess jedoch nicht beabsichtigt ist, kann man Sahagún auch nicht als Ethnologen im heutigen Sinne bezeichnen. Zubilligen könnte man ihm lediglich, dass sein Werk bereits den Keim eines zukünftigen interkulturellen Dialoges in sich trägt. Darüber hinaus darf man es dem Franziskaner ebenso wenig zum Vorwurf machen, dass er stets am Absolutheitsanspruch und der Universalität der christlichen Religion festhält. Aus dem Bewusstsein seiner Zeit und dem Erfahrungshorizont der europäischen Kultur des 16. Jahrhunderts heraus waren ihm enge Grenzen gesetzt, die eine Relativierung der eigenen Kultur nahezu unmöglich machten.

25

4 Abschließende Bemerkungen

Bei der Verfassung der HG musste sich Sahagún zuerst dem Problem der äußeren Form stellen. Wie wir schon gesehen haben, schuf er nach über 30 Jahren Kompilationsarbeit ein Werk, das man nach heutigen Kategorien als eine Art anthropologische Enzyklopädie bezeichnen könnte. Inwieweit sich Sahagún dabei von bereits existierenden Modellen inspirieren ließ, soll im Folgenden kurz erörtert werden. Abschließend möchte ich noch, in ebenfalls knapper Form, auf die Bedeutung von Sahagúns Werk für die moderne Forschung hinweisen.

4.1 Mögliche Vorbilder

Die Frage, nach welchem Muster die HG zu organisieren sei, war für den Autor, der sich einer gewaltigen Materialfülle gegenüber sah, durchaus nicht einfach zu beantworten. Nach welchem konkreten Modell sollte man verfahren? Bis dato hatte es in der neuen Welt kein vergleichbares Projekt gegeben und das *Buch* war eine ausschließlich abendländische Konzeption, die in der aztekischen Kultur keinerlei Entsprechung hatte.

Die These, dass Sahagún ganz alleine und ohne fremde Vorbilder das Organisationsmuster seiner Enzyklopädie entwickelte, ist abzulehnen. Neue Forschungen haben ergeben, dass klare strukturelle Übereinstimmungen zu Werken existieren, die im 16. Jahrhundert bereits als „Klassiker" galten. An erster Stelle ist hier auf die berühmte *Historia naturalis* von Plinius dem Älteren hinzuweisen. Es ist anzunehmen, dass Sahagún dieses Werk gut kannte und es gelang auch nachzuweisen, dass sich mindestens ein Exemplar der *Historia naturalis* in der Bibliothek des Klosters Santa Cruz de Tlatelolco befand. Ebenfalls interessant ist die Tatsache, dass dessen erste Übersetzung ins Spanische – um das Jahr 1575 – ausgerechnet in Mexiko-Stadt erledigt wurde. Vom Übersetzer, Francisco Hernández, wiederum weiß man, dass er in ständigem Kontakt mit dem Orden der Franziskaner stand, so dass es sehr verwunderlich wäre, wenn Sahagún die *Historia naturalis* nicht gekannt hätte[53].

---

[53] Hernández de León-Portilla (1999), S. 582.

26

Bei einem Strukturvergleich, wie er unter anderem von Florencio Vicente Castro und José Luis Rodríguez Molinero[54] vorgenommen wurde, wird klar, dass Sahagún in weiten Teilen dem Plan des Plinius folgt. Die einzigen Ausnahmen bilden die Bücher VI und XII, die von Sahagún erst nachträglich in die HG eingefügt wurden. Ansonsten ist auch die Vorgehensweise der beiden Autoren sehr ähnlich. Bei der Beschreibung von Tieren und Pflanzen, der Natur und der geografischen Gegebenheiten sowie der Klassifizierung und Bestimmung von natürlichen Dingen benutzen beide einen ähnlichen Schreibstil, der durch detaillierte, ausufernde Schilderungen und sachliche Nüchternheit gekennzeichnet ist.

Manche Forscher weisen darauf hin, dass Sahagún neben der *Historia naturalis* noch andere Werke als Vorlage gedient haben könnten. Bei all diesen Büchern, die ebenfalls enzyklopädischen Charakter haben und größtenteils aus dem Mittelalter stammen, ist der Nachweis, dass Sahagún sie gekannt haben könnte, jedoch nicht leicht zu erbringen. Vieles beruht auf Spekulation und zumeist werden eher vage, schwer nachprüfbare Übereinstimmungen angeführt. Die im Zusammenhang mit der Entstehungsgeschichte der HG am häufigsten genannten Werke sind das *Originum sive etimologiarium* von Isidor von Sevilla sowie *De propietatibus rerum* von Bartholomaeus Anglicus[55].

Die größte Gemeinsamkeit allerdings, die Sahagúns Werk mit nahezu allen mittelalterlichen Enzyklopädien teilt, ist seine religiös beeinflusste Grundstruktur. Traditionell folgen hierbei die menschlichen Dinge dem Göttlichen und daran anschließend die natürlichen Dinge, wobei normalerweise mit den niedrigsten Dingen – im Falle von Sahagún und Plinius sind das die Mineralien und Gesteine – abgeschlossen wird.

4.2 Zur Bedeutung von Sahagúns Werk

Sahagúns Werk ist vor allem ethnografisch-linguistischer Natur und stellt die bedeutendste Informationsquelle über das alte Mexiko dar. Obwohl denkbar ist, dass seine Informanten einige Ereignisse schlecht in Erinnerung behalten haben oder auch bewusst die Wahrheit verdrehten, ist die HG die ausführlichste und genaueste der franziskanischen Chroniken. Bei Forschern genießt Sahagúns Werk trotz einiger kleiner Fehler und der Möglichkeit, dass ihr Verfasser selbst nicht frei von Vorurteilen war, hohes Vertrauen.

---

[54] Castro/Rodríguez Molinero (1986), S. 216 f.
[55] Hernández de León-Portilla (1999), S. 582 ff.

27

Weil er sich große Mühe gegeben hat, sein Material relativ genau zu prüfen und dazu wissenschaftliche Erhebungsmethoden verwandt hat, ist die HG für alle am vorspanischen Mexiko Interessierten die wichtigste Forschungsbasis. Bei seiner Arbeit beschränkte sich Sahagún nicht nur auf das bloße Sammeln und Auswerten, sondern zeichnete präzise die Struktur der mexikanischen Kultur nach.

Doch neben Soziologen, Religionswissenschaftlern, Historikern und Ethnologen ist sein Werk auch für Linguisten und Literaturwissenschaftler von großem Interesse. Viele seiner Informanten waren ehemalige Schüler der aztekischen *calmécac* und dürften daher alte Lieder, Legenden, Maximen und Reden auswendig gekannt haben. Ein unschätzbarer Fundus aztekischer Kultur und Sprache.

Auch wenn Sahagún kein „echter" Ethnologe war, schuf er mit seinem Werk die unabdingbare Voraussetzung der späteren wissenschaftlichen Ethnologie, deren Grundlage das Sammeln und Auswerten von Dokumenten ist. In diesem Zusammenhang ist es vielleicht gerecht, Sahagúns Werk zumindest den Ehrentitel "madre de la antropología moderna"[56] zuzugestehen.

---

[56] Baudot (1996), S. 315.

28

5 Literaturverzeichnis

Quellen

1. **Mendieta, Jerónimo de.** 1973. *Historia eclesiástica indiana.* Edición de Francisco Solano y Pérez-Lila. Madrid: Ediciones Atlas (Biblioteca de Autores Españoles, 260/261).

2. **Sahagún, Bernardino de.** 1905-07. *Códice Tolosa. Historia Universal de las cosas de la Nueva España.* Edición parcial en facsímile en 4 vols. Madrid: Real Academia de la Historia.

3. —. 1979. *Códice Florentino.* Manuscrito 218-20 de la Colección Palatina de la Biblioteca Medicea-Laurenziana. Edición en facsímile en 3 vols. México: Archivo General de la Nación.

4. —. [4]1981. [1956] *Historia General de las cosas de Nueva España.* Edición de Ángel María Garibay en 4 vols. México: Editorial Porrúa.

Darstellungen

1. **Baudot, Georges.** 1996. Las crónicas etnográficas de los evangelizadores franciscanos. In: Garza Cuarón, Beatriz/Georges Baudot (Hgg.): *Historia de la literatura mexicana.* Bd. 1. México: siglo veintiuno editores, 287-320.

2. **Brown, Betty Ann.** 1983. Seen but not heard: Women in Aztec Ritual – The Sahaguntine Texts. In: Berlo, Janet C. (Hg.): *Text and Image in Pre-Colombian Art.* Oxford: Oxford University Press, 119-153.

3. **Castro, Vicente/José Luis Rodríguez Molinero.** 1986. *Bernardino de Sahagún, primer antropólogo en Nueva España (Siglo XVI).* Salamanca: Ediciones Universidad de Salamanca.

29

4. **Edmonson, Munro S.** 1974. Introduction. In: Ders. (Hg.). *Sixteenth-Century Mexico. The work of Sahagún*. Albuquerque: University of New Mexico Press, 3-17.

5. **Esteve Barba, Francisco.** [2]1992. *Historiografía indiana*. Madrid: Gredos.

6. **Fischer, Hans.** [4]1998. Was ist Ethnologie? In: Ders. (Hg.): *Ethnologie – Einführung und Überblick*. Berlin: Reimer, 3-20.

7. **Hernández de León-Portilla, Ascensción.** 1999. La Historia General de Sahagún a la luz de las enciclopedias de la tradición greco-romana. In: Paniagua Pérez, Jesús/María Isabel Viforcos Marinas (Hgg.): *Fray Bernardino de Sahagún y su tiempo*. León: Universidad de León, 573-589.

8. **León-Portilla, Miguel (Hg.).** 1985. *Crónicas indígenas. Visión de los vencidos*. Madrid: Historia 16.

9. **López Austin, Alfredo.** 1974. The Research Method of Fray Bernardino de Sahagún: The Questionnaires. In: Edmonson, Munro S. (Hg.): *Sixteenth-Century Mexico. The work of Sahagún*. Albuquerque: University of New Mexico Press, 111-148.

10. **Martínez, José Luis.** 1982. *El "Códice Florentino" y la "Historia General" de Sahagún*. México: Archivo General de la Nación.

11. —. 1992. Las crónicas de la Conquista de México. In: Kohut, Karl (Hg.): *De conquistadores y conquistados*. Frankfurt/M.: Vervuert, 153-168.

12. **Nicolau d'Olwer, Luis/Howard F. Cline.** 1973. Sahagún and his works. In: Cline, Howard F./John B. Glass (Hgg.): *Handbook of Middle American Indians*. Bd. 13/2, 186-207.

13. **Ortiz, Fernando.** 1940. *Contrapunteo cubano del tabaco y el azúcar*. Havanna: Jesús Montero.

14. **Schmidt, Peer.** 1993. *Die Gegenwart des Vergangenen*. Hagen: Fernuniversität.

15. **Thomas, Hugh.** 1998. *Die Eroberung Mexikos*. Frankfurt/M.: Fischer.

16. **Todorov, Tzvetan.** 1985. *Die Eroberung Amerikas – Das Problem des Anderen.* Frankfurt/M.: Suhrkamp.

17. **Tyrakowski, Konrad.** 1997. Die natürliche Umwelt aus der Sicht der aztekischen Informanten des Bernardino de Sahagún. In: Arellano Hoffmann, Carmen/Peer Schmidt (Hgg.): *Die Bücher der Maya, Mixteken, Azteken.* Frankfurt/M: Vervuert, 281-323.

18. **Valcárcel Martínez, Simón.** 1997. *Las Crónicas de Indias como expresión y configuración de la mentalidad renacentista.* Granada: Diputación Provincial de Granada (Biblioteca de Ensayo, 35).